채지충의 만화로 보는 동양철학
4

옮긴이 이신지
이화여자대학교 중어중문학과를 졸업했다.
중국인민대학교에서 중문학을 공부하고 번역 활동 등을 하고 있다.

漫畫道家思想 (Taoism in Comics)
Copyright ⓒ 2012 by Tsai Chih-Chung
Korean Translation Copyright 2024 by DULNYOUK Publishing Co.
This translation is published by arrangement with Locus Publishing Company through SilkRoad Agency, Seoul, Korea.
All rights reserved.

이 책의 한국어판 저작권은 실크로드 에이전시를 통해 Locus Publishing Company와 독점 계약한 도서출판 들녘에 있습니다. 저작권법에 의해 한국 내에서 보호를 받는 저작물이므로 무단 전재와 복제를 금합니다.

채지충의 만화로 보는 동양철학 · 4
장자 자연의 피리 소리
ⓒ 들녘 2024

초판 1쇄	2024년 12월 31일			
지은이	채지충(蔡志忠)			
옮긴이	이신지			
출판책임	박성규	펴낸이	이정원	
편집주간	선우미정	펴낸곳	도서출판 들녘	
기획이사	이지윤	등록일자	1987년 12월 12일	
편집	이수연·이동하·김혜민	등록번호	10-156	
디자인	하민우	주소	경기도 파주시 회동길 198	
마케팅	전병우	전화	031-955-7374 (대표)	
경영지원	김은주·나수정		031-955-7384 (편집)	
제작관리	구법모	팩스	031-955-7393	
물류관리	엄철용	이메일	dulnyouk@dulnyouk.co.kr	

ISBN 979-11-5925-912-8 (07150)
세트   979-11-5925-907-4 (07150)

값은 뒤표지에 있습니다. 잘못된 책은 구입하신 곳에서 바꿔드립니다.

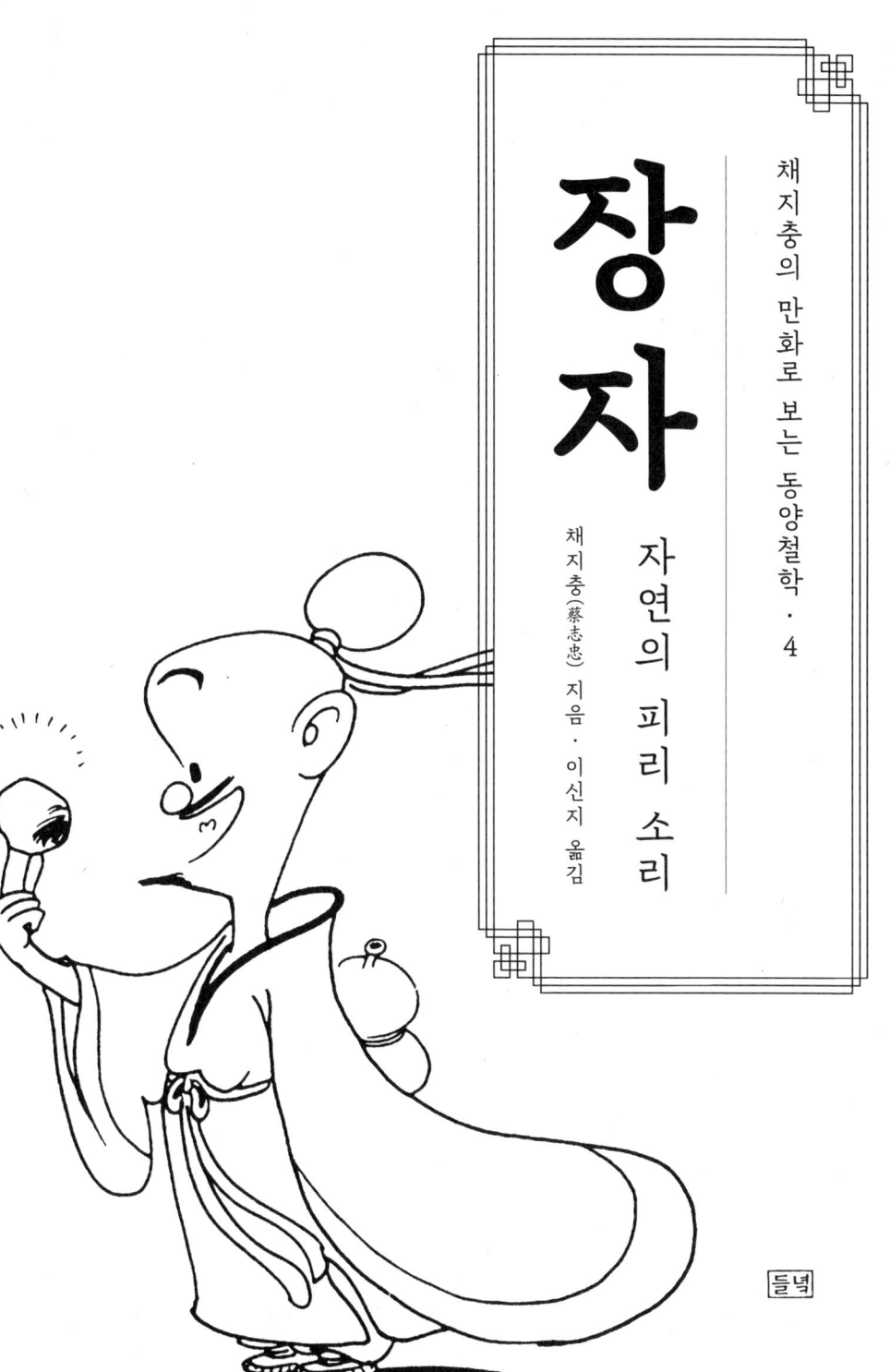

서문

바람을 타고 살아가는 인생

채지충

인생의 목적은 무엇일까요? 사람들은 대개 큰 뜻을 세워 일하고 대업을 이루는 것이 인생의 목적이라고 생각하기 때문에 이렇게 말합니다.

"있는 힘을 다해 노력하는 것은 고통스럽지만,
성공한 후에는 큰 즐거움을 누릴 수 있다."

"배움은 고통스럽지만, 학업을 이룬 후에는 큰 즐거움을 누릴 수 있다."

"일은 겨울과 같아 고통스럽지만 성과를 누리면 즐겁다.
봄이 오면 흥겹고 즐겁지 아니한가."

인생의 과정이 정말 모두 그럴까요?
　연애는 고통스러운 것이고, 고통의 연애 과정을 거치고 나면 결혼 이후는 즐겁다는 말일까요? 아닙니다. 연애하는 중에 일 분 일 초도 즐거움을 느끼지 못하면 결혼 이후 행복한 날은 없을 것입니다. 장자의 「열어구」편에 나오는 이야기처럼, 만약 용(龍)을 잡는 검술인 '도룡검법'을 배울 때, 배우는 즐거움을 느끼지 못하고 오직 열심히 배우는 마음만 가지고 고통스럽게 검술을 배운다면 다 배운 후에는 세상에 용이 없다는 사실을 결국 알게 될 것입니다.
　그렇다면 인생의 목적은 무엇일까요?
　인생의 전 과정에서 제가 개인적으로 가장 중요하게 생각하는 것이 있습니다.

독서는 책을 읽는다는 것이 좋고,
배움은 배움이 좋다.
직장에 다니면서는 일하는 것이 좋고,
퇴직하면 퇴직해서 좋다.
말단직원이 되면 말단직원이 되어서 좋고,
사장이 되면 사장이 되어서 좋다.
눈이 오면 눈이 오는 정취가 좋고,

봄바람이 불면 따뜻해서 좋다.
어디든 어떤 상황이든지 좋은 것이 반드시 따르네,
겨울은 봄 소식이요,
낮과 밤이 좋은 날이고,
가는 곳곳마다 좋은 방향이니,
진정 이런 것들을 수시로, 속속들이, 곳곳에서 느낄 수 있는 인생!

이것이 바로 '신(神)'의 생활 태도이며, 선종사상의 정수도 대부분 도가(道家) 사상에서 나온 것입니다.

노자, 장자, 열자는 도가의 3대 대표자이며, 도가의 글은 사람은 자연에 순응하고 낙천지명(樂天知命)하며 참된 자아를 구해야 하고, 공허한 명리에 얽매이지 말고 초연히 달관하고 떳떳한 태도로 살아가야 하며, 쉬지 않고 수명, 명예, 직위, 물질을 위해 짧은 생을 괴롭히지 말라고 합니다.

저는 열다섯 살 때 만화를 평생 가야 할 길로 삼겠다고 다짐했습니다. 만화는 제 취미이기 때문이었습니다. 만화를 그려서 가난하여 매일 라면만 먹고 살아갈지언정, 절대 후회하지 않습니다. 지금까지 수십 년이 지나도록 처음 결심을 의심한 적이 없습니다.

제 마음은 결코 외부 물질의 유혹에 흔들리지 않았고, 세상의 모든 기준도 제게는 중요하지 않았습니다. 득(得)이 되냐 실(失)이 되냐가 중요한 게 아니라, 지금 당장 내가 좋아하는 일을 하는 게 중요했습니다.

책상에 앉기만 하면 작업 속에 몸을 던져, 종이와 붓과 내가 하나가 되었습니다. 그 속에서는 종이가 없어지고 펜이 없어졌지요. 스스로가 없어지는 것은 마치 눈이 귀와 같아지고, 귀는 코, 코는 입과 같아지는 것과 같습니다.

정신을 모아 형체를 없애고, 뼈와 살이 모두 융해되고, 그 형체에 의지하고 있다는 사실을 무의식 속에도 잃으니 마치 마른 나뭇잎이 바람을 따라 동쪽에서 서쪽으로 흐르는 듯하고, 바람이 나를 타고 있는지 내가 바람을 타고 있는지요?

장자 「달성」편에 나오는 문장을 바꾸어 쓰자면 이렇습니다.

'비록 하늘과 땅이 크고, 만물이 많지만
그 위를 날아다니는 것은 만화 말고 그 무엇이 있는가?'

'내가 세상을 그대로 받아들인다면,
모든 만물을 만화로 만드는 종이와 붓이 없다 할지라도
하지 못하고 얻지 못할 것이 그 무엇인가!'

목차

서문 ... 4

소요유 ... 13
거대한 새 ... 14
매미와 장수거북 ... 15
참새의 마음 ... 17
열자는 바람을 타고 ... 18
천하를 거절한 허유 ... 19
혜시의 조롱박 ... 20
송나라 사람의 비법 ... 22
쓸모없는 가죽나무 ... 24
월나라 사람의 문신 ... 27

제물론 ... 28
대지의 퉁소 소리 ... 29
주재자는 누구일까? ... 32
조삼모사 ... 33
두 번 다시 거문고를 타지 않은 소문 ... 34
혜시와 오동나무 ... 35
장자는 한마디도 하지 않았다 ... 36
요 임금이 묻다 ... 37
설결이 왕예에게 표준을 묻다 ... 38
서시는 누구에게나 미녀일까? ... 40
여희의 통곡 ... 41
장오자의 큰 꿈 ... 42
그림자의 충고 ... 43
장주의 꿈 나비의 꿈 ... 44

양생주 ... 45
양생의 주인 ... 46
포정의 소 잡기 ... 47
다리가 하나뿐인 사람 ... 49
우리 속의 장끼 ... 50

진실이 울지 않은 이유 51
나무는 재가 되어도 불은 남는다 52

인간세 53
마음의 재계 54
얼음 먹는 사람 55
어리석은 사마귀 56
호랑이를 키우는 사람 58
말을 사랑하는 사람 59
토지신의 나무 60
나무의 천명 62
곱사등이 지리소 64
초나라의 기인 접여 65
기름은 자기 자신을 태운다 66

덕충부 67
발가락이 없는 사람 68
형체와 정신 69
사람은 무정한 존재일까? 70

대종사 71
진인이란? 72
도는 하늘보다 높다 73
강과 호수를 잊다 74
자연은 힘센 장사 75
천하에 천하를 감추다 76
도를 깊이 깨달아야 생사를 초월한다 77
자연에도 생사가 있을까? 78
안회의 좌망 80
자상이 가난을 노래하다 82

응제왕 83
바닷속에 강을 만들다 84
지인의 마음은 거울이다 85
혼돈의 죽음 86

변무
여섯 번째 손가락 88
오리의 다리는 짧을까 길까? 89
큰 미혹과 천성 90
목동이 양을 잃어버리다 91

마제 92
백락의 실수 93
인의의 피해 95

거협 96
도둑을 막는 법 97
도둑에게도 도가 있다 98
조나라 술이 맛있어 100

재유 101
황제가 광성자에게 도를 묻다 102
자연의 벗 103

천지 104
황제의 구슬 찾기 105

천도 107
하늘의 도 108
자연의 도로 다스리라 109
수레바퀴를 만드는 노인 110

천운 112
하늘과 땅과 해와 달 113
갈매기와 까마귀 114
공자가 용을 보다 115

각의 116
자연으로 돌아가 유유자적하다 117
하늘에 순응하라 119

선성   120
  은사의 처신   121

추수   122
  추수   123
  천지와 티끌   125
  작은 지혜로 대도를 알 수 없다   126
  대도와 귀천   127
  자연을 좇으라   128
  물불이 두렵지 않다   129
  소에게 코뚜레를 채우지 말라   130
  바람과 뱀   131
  성인의 용기   133
  우물 안 개구리   135
  한단에서 걷는 법을 배우다   138
  진흙에 묻혀 사는 거북   139
  썩은 쥐를 지키려는 까마귀   140
  물고기만이 물고기의 즐거움을 안다   142

지락   143
  지락   144
  장단 맞춰 노래 부른 장자   146
  팔꿈치의 혹   148
  꿈속의 해골   149
  바다새와 음악   151
  태어남도 죽음도 관념일 뿐   153

달생   154
  덕의 경지   155
  술에 취해 수레를 모는 사람   156
  매미 잡는 기술   157
  마음이 사람을 지배한다   159
  돼지의 입장   161
  폭포 아래서 수영하는 사람   162
  재경의 종각   163
  동야직의 말몰이   164

장인의 손가락 · 165

산목
도덕을 벗 삼다 · 167
단물이 먼저 마른다 · 169
버릴 수 없는 것 · 171
가시덤불 속의 장자 · 172
제비의 집 짓기 · 173
매미를 잡아먹는 사마귀 · 174

전자방
노나라의 유생 · 177
백리해의 무아 · 179
진정한 화가 · 180
기술과 도술 · 181
흔들리지 않는 경지 · 183
범국이 멸망했는가? · 184

지북유
지식과 대도 · 186
무소유의 도 · 188
도가 없는 곳이 없다 · 189
도는 지혜를 초월한다 · 191
정성 · 193

경상초
숭배받기를 거부한 경상초 · 195
지혜의 극치 · 196
인의 극치 · 197

서무귀
개와 말의 차이점 · 199
시서육도와 구마경 · 201
목동에게 길을 묻다 · 203
석수와 미장이 · 205
꾀 많은 원숭이의 최후 · 207

무심의 지 208

즉양 209
도는 원과 같다 210
달팽이 뿔 위의 두 나라 211

외물 212
적절한 때 213
큰 고기를 낚은 임공자 214
영험한 흰 거북 215
자연의 쓸모 217
통발과 올가미 218

우언 219
공자의 변화 220
구애받지 않는 사람 221
도의 단계 222
양주의 도 공부 223

양왕 224
목숨보다 귀한 것 225
진리가 자유롭게 한다 226
자공의 화려한 옷차림 227
안회가 벼슬을 사양하다 229

도척 230
큰 도둑의 큰 도리 231

설검 236
장자의 세 가지 검 237

어부 244
여덟 가지 결점과 네 가지 나쁜 버릇 245
발자국을 싫어하는 사람 248
그림자를 싫어하는 사람 249

열어구 250
닻줄 없는 배 251
도룡검법 252
이익만 좇는 사람 254
여의주를 깨뜨리다 255
제단의 희생물은 사절입니다 257
장자의 죽음 258

소요유

참새의 마음

천하를 거절한 허유

요 임금이 허유에게 천하를 넘기고자 했다.

"일월이 솟았으니 횃불이 소용없고, 비가 제때 내리는데 사람이 물을 댈 필요 있겠소? 부족한 내가 아직 천하를 다스리니, 어리석은 일이오. 부디 천하를 맡아주시오."

"그런 말씀 마시오. 작은 새가 둥지를 트는 데엔 나뭇가지 한 개면 족하고, 넓디넓은 강물을 마신다 해도 쥐들은 조그만 배 하나 채우면 그만인 거요."

"내가 천하를 넘겨받아 어디에 쓰겠소? 더구나 당신이 이미 잘 다스리는 것을. 그 명성을 양보하려는 뜻이라도 역시 마뜩잖소. 나를 드러내 칭송받을 생각은 없소."

명예는 실재의 손님이다. 사람들은 흔히 고통을 감수하더라도 명예를 얻으려 한다. 그러나 공명심을 버려야 진실을 얻는 법이다.

송나라 사람의 비법

송(宋)나라에 약을 잘 짓는 사람이 있었다.

그가 만든 약을 바르면 한겨울에도 피부가 트지 않았다.

그의 집안은 조상 대대로 천을 표백하는 일을 해왔다. 그러다 보면 손발이 부르트기 일쑤여서 고심 끝에 명약을 개발하게 된 것이다.

어느 날 한 나그네가 그 소문을 듣고, 금 백 냥을 주고 약의 제조 비법을 샀다.

횡재로다!

나그네는 그 제조법을 오(吳)나라 임금에게 바쳤다. 그리고는 이 약을 전쟁에서 활용할 수 있는 방법을 설명했다.

그토록 크고 멋진 나무를 갖고도
쓸모없다고 투정을 부리다니, 자네는 참 어리석군.
차라리 그 나무를 한적한 시골 공터에 옮겨놓게.
그러면 마을 사람들이 와서 편히 쉴 수 있을 테지.

재목으로
쓸모없는 나무니
베러 올 사람도 없고,
걱정할 게 없지 않은가?

가죽나무는 쓸모가 없어
잘릴 염려도 없다.
가죽나무에는 그 쓸모없음이
가장 큰 쓸모가 된 것이다.

월나라 사람의 문신

송나라 사람 하나가 모자와 옷가지를 팔러 남쪽 월나라로 갔다. 한밑천 두둑이 잡아볼 요량이었다.

골라 골라! 근사한 옷과 모자가 왔습니다.

그런데 풍속이 문제였다. 그곳 사람들은 머리를 짧게 깎고, 맨몸으로 지내며, 온몸에 문신을 새겼다. 옷도 모자도 필요 없었다.

그런 걸 어디다 쓰냐?

쓸모는 상대적이므로 집착하지 말아야 한다. 요순 임금에게 공이 있든 없든, 송나라 사람의 옷과 모자가 쓸모가 있든 없든, 그 무엇도 절대적인 것은 아니다.

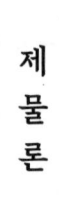

제물론

이런 구멍들이 어우러져 내는 소리는 어떨 때는 세찬 물소리 같고,

시위를 떠난 화살 소리 같고, 욕하는 소리 같기도 하며, 숨소리 같기도 하다.

거칠고, 부드럽고, 깊고, 급박하다.

마치 모든 구멍이 한마음으로 합창하는 것 같다.

큰 바람이 지나가면 모든 구멍이 조용해진다. 산들바람에 나뭇가지만 흔들린다. 이것이 바로 대지의 통소 소리다.

소리 자체에는 희로애락이 없다. 사람으로서 통소 소리를 듣기에 희로애락이 생겨날 뿐이다. 그러니 자연이 되어 그 소리를 들노라면 희로애락이 있을 리 없다. 희로애락 역시 인위적인 구별일 뿐 자연적인 건 아니다.

주재자는 누구일까?

사람의 몸에는 손, 발, 뼈, 구멍, 오장육부가 있다.

각 기관들은 시종들이 그러하듯
내 몸의 시중을 들어줄까?
누가 가장 센 걸까?

각 기관들은 서로 교대로 지배할까,
아니면 이 모두를 지배하는
다른 주재자(主宰者)가 있는 걸까?

사람의 몸 외에 정신도 있지 않은가?
이 정신이야말로 진정한 주재자이다.

사람에겐 누구나 스스로의 진실이 있다. 실존하는 진실은 바로 대자연의 도를 축소한 것이다. 따라서 사람이 이것을 원칙으로 삼아 행동한다면 자연의 정도(正道)를 벗어나지 않을 것이다.

조삼모사(朝三暮四)나 조사모삼(朝四暮三)이나 똑같다. 그러나 눈앞의 '삼'과 '사'라는 차이에 원숭이들은 분노하거나 기뻐했다. 우리 인간도 마찬가지 아닐까?

두 번 다시 거문고를 타지 않은 소문

소문(昭文)은 거문고 명인이었다. 연주 솜씨가 매우 뛰어났다.

그러나 어느 순간부터 더는 거문고를 타지 않았는데,

거문고를 탈 때 소리 하나가 울리면 다른 소리들은 모두 사라진다고 여긴 탓이다.

그는 손을 멈추고 가만히 있을 때 비로소 오음(五音)을 두루 들을 수 있다 생각했다.

사람의 손으로 소리를 내는 것은 나무를 조각하는 일과 같다. 어떤 작품을 완성했다는 것은 결국 다른 많은 부분을 깎아냈다는 뜻이기도 하다. 자연의 음률만이 결점 없이 완전한 것 아닐까.

혜시와 오동나무

혜시는 말재간이 뛰어나서 걸핏하면 남과 논쟁을 벌였다.

이겼다!
졌다!

말싸움을 하다 지칠 때면 혜시는 오동나무에 기대 쉬었다.

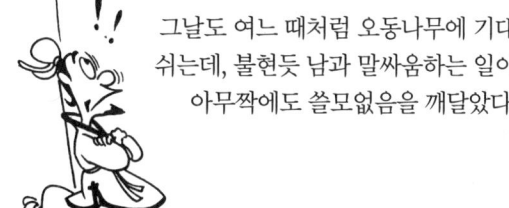
그날도 여느 때처럼 오동나무에 기대 쉬는데, 불현듯 남과 말싸움하는 일이 아무짝에도 쓸모없음을 깨달았다.

이후로는 더는 사람들과 논쟁을 벌이지 않았다.

논쟁을 해서 다른 이를 이겼다 한들 그것이 참으로 이긴 걸까? 이겼다고 생각하는 것이야말로 패한 것이다.

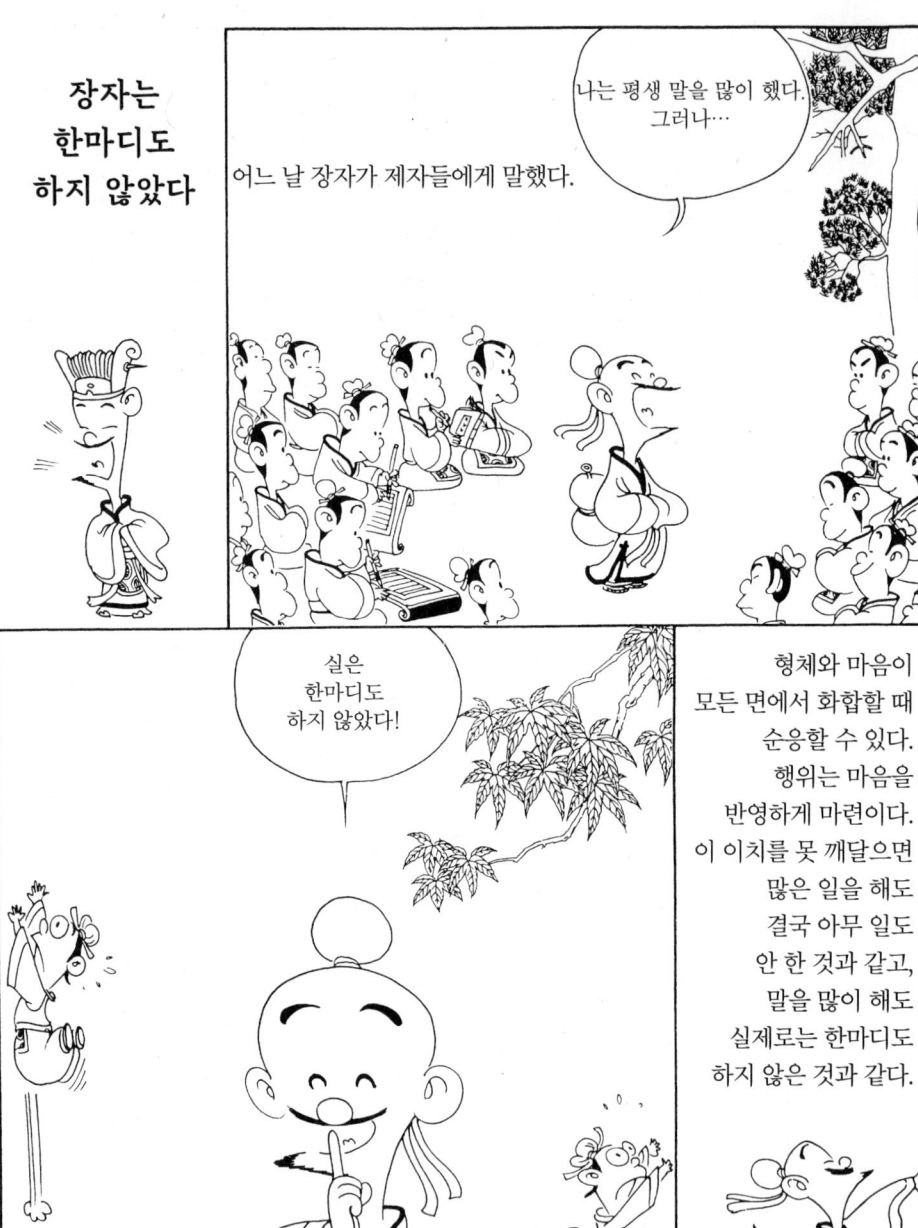

요 임금이 묻다

요 임금이 순에게 물었다.

종(宗), 회(膾), 서오(胥敖)를 토벌하려 하는데, 이상하게 마음이 께름칙하오. 어찌 된 영문이라 생각하시오?

세 나라 모두 별 볼 일 없는 곳이니 임금께서 마음 쓰실 이유도 없지요.

그러니 그들 삼국의 군왕을 마음에 두실 이유가 없습니다.

그 옛날 열 개의 태양이 있어 저마다 세상을 비추었지만, 그들은 서로 상관하지 않았습니다. 하물며 덕이 많은 사람이 세상 사람들에게 자비를 베푸는 것은 태양도 따를 수 없습니다.

인간의 욕망엔 한계가 없다. 그것은 의식의 문제다. 남을 배척하는 원인은 '나'에게 있다. 만물은 서로 다르지만 그래서 나름대로의 가치가 있는 법이다. 서로 방해될 이유가 없는 것이다.

서시는 누구에게나 미녀일까?

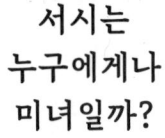

우리가 만일 처음에 하늘을 말[馬]이라 부르고

땅을 손가락이라고 불렀다면

하늘은 말, 땅은 손가락이 되었을 것이다.

사람들은 대개 스스로 옳다 여기면 옳다고 하고, 틀리다고 여기면 틀리다고 한다.
그런데 옳고 그름의 기준이란 무엇인가?

사람들은 서시(西施)를 절세 미녀라고 한다.
물고기도 그렇게 생각할까?
물고기는 서시를 보면 물속에 숨어버린다.

사람의 입장에서 발전시킨 지식만을 강조하다 보면 그 지식의 고리에 얽매이게 된다.

40

여희의 통곡

여희가 진헌공(晉獻公)과 결혼하게 되었다. 그러자 너무나 서러워서 울기만 했다.

결혼하기 싫어!

그러나 결혼하여 진나라로 가자 궁전의 편안한 침대에서 자고, 산해진미를 먹게 되었다. 여희는 결혼하기 싫다며 울며 떼썼던 게 얼마나 바보 같은 일이었는지 깨달았다.

사람은 누구나 죽음을 두려워한다. 그러나 죽은 뒤에 내가 왜 태어났었나 하고 후회할지도 모르는 일이 아닌가? 실은 아무도 모른다. 여희의 상황도 바로 이와 같다.

그림자의 충고

망량(罔兩)이란 그림자의 그림자다.
이봐!

도대체 왜 가다가 섰다가 앉았다가 일어섰다가 하는 거야?

내가 그러는 게 아니야. 나한테 무슨 힘이 있어서 내 마음대로 하겠어?

뱀은 가로비늘 덕에 기어다닐 수 있고, 매미는 날개 덕에 날아갈 수 있지.

그러나 뱀과 매미가 죽어버리면 아무리 비늘과 날개가 있어도 움직일 수가 없어!

자연 이치의 핵심은 변화다.
자연의 도란 바로 변화이다.
따라서 사람처럼 군(君)이나 신(臣)으로 정해지지 않는다.
의지하든 안 하든 그 자체가 자연이다.

어느 저녁 무렵, 장주는 자기가 나비가 된 꿈을 꾸었다.

그는 날개를 퍼덕이며 즐거워했다.
자신이 장주라는 사실을 까맣게 잊었다.

얼마 후 그는 꿈속에서 훨훨 날아다니는 나비가 바로 자신임을 깨달았다.

장주가 나비가 된 꿈을 꾼 것인가? 나비가 장주가 된 꿈을 꾼 것인가?

장주가 나비일 수도 있고, 나비가 장주일 수도 있다.

양생주

양생의 주인

인간의 생명은 유한하지만, 깨우쳐야 할 지식은 무한하다.

따라서 유한한 생명으로 무한한 지식을 추구하면 위험하다.

지식이 많을수록 똑똑해진다 생각하여 위험을 알면서도 좇는 것은 더욱더 위험하다.

사람은 지식을 초월할 줄 알아야 한다. 지식을 등에 업고 다녀서는 안 된다. 지식은 양생(養生)을 이해하는 도리일 뿐이다. 지식보다는 자연의 변화에 순응하는 것이 중요하니, 덧없는 지식만 추구하지 말라.

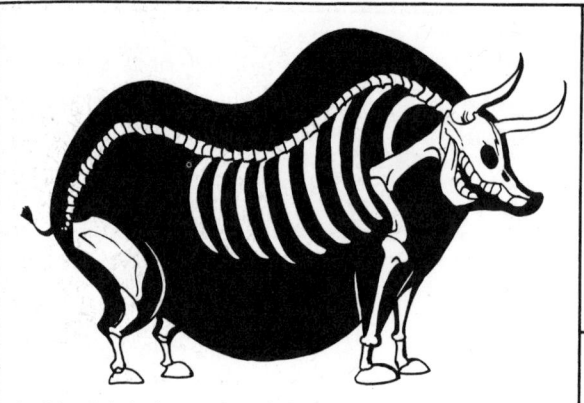

보통 도축사들은 한 달에 한 번 칼을 바꿉니다. 칼을 함부로 내리찍기 때문입니다.

반면 경지에 오른 도축사들은 칼을 일 년에 한 번만 바꿉니다. 함부로 내리찍지 않기 때문입니다.

삼 년을 넘기니 더는 소가 보이지 않고, 소의 힘줄과 뼈, 즉 구조가 보였습니다. 그때부터는 소를 잡을 때 눈보다는 마음과 정신, 뜻에 의지하게 되었습니다.

제 칼이 십구 년째 날카로운 것도 그래서입니다.

난 겨우 한 달 썼는데….

이 칼을 십구 년째 쓴다네.

제 칼은 소의 힘줄과 뼈 사이를 자유자재로 움직이기에 소는 자기가 죽는 줄도 모르고, 고통도 못 느낍니다.

포정이여, 매우 훌륭하다. 그대가 내게 양생의 도를 가르쳐주었소.

인간 세상의 복잡함도 소의 몸 구조와 같다. 이치를 모르는 사람은 이리저리 세상과 충돌하면서 공연히 몸과 마음을 다칠 뿐이다.

모든 사람이
태어날 때부터 다리가 하나라면,
다리 둘 달린 사람이 부자연스럽다고
생각할 것이다. 다리가 한 쪽만 있든,
두 쪽 다 있든, 지네처럼 다리가 많든,
태어날 때부터 그런 거라면
모두 자연적인 일이다.

하늘이 나를 어떤 형태로 낳아주었든
그 형태대로 살아야 한다.
물속이면 물속에서 살고,
불속이면 불속에서 사는 것이다.
물속에서도 추워하지 않고
불속에서도 뜨거워하지
않는다면 막힘없이 살 수 있다.

우리 속의 장끼

숲속에 사는 장끼는 먹을 게 별로 없다.
열 걸음 가야 겨우 벌레
한 마리 잡을 뿐이다.

물 한 모금 마시려 해도 백 걸음을 가야 한다.
그래도 우리 속에 갇히기 싫어한다.

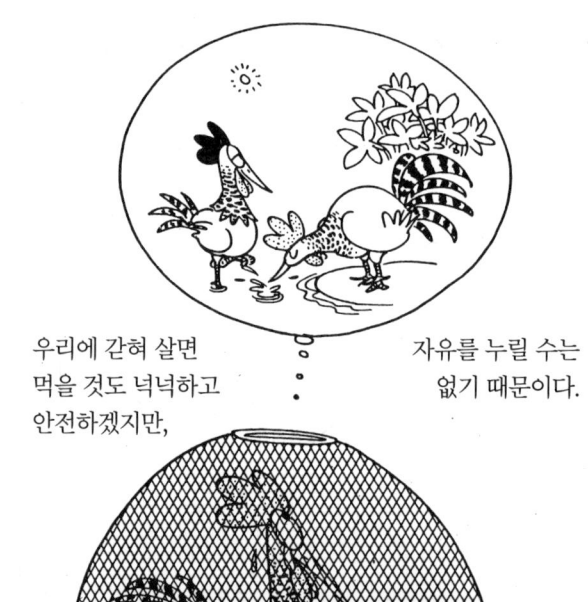

우리에 갇혀 살면
먹을 것도 넉넉하고
안전하겠지만,

자유를 누릴 수는
없기 때문이다.

양생의 도를 아는 사람은
물욕을 채워 얻는 즐거움과
자유를 절대 맞바꾸지 않는다.
그러나 현실 사회에서
과연 몇 사람이나
푸른 하늘처럼 티 없이 맑은
자연의 마음을 그대로
가지겠는가?

진실이 울지 않은 이유

노자가 죽자 진실이 문상을 왔다. 그는 곡을 세 번 하고는 바로 돌아갔다.

선생께서는 우리 스승님의 친구가 아니십니까? 어찌 이리 간단히 문상하고 마시는지요?

곡을 세 번 했으니 되었네.

노자는 올 때가 되어 왔다가 갈 때가 되어 순리대로 돌아간 것뿐이네. 시간의 흐름을 따른 것이니 슬퍼할 이유가 없지 않겠나?

노자의 제자들은 그 말을 듣고 더는 슬퍼하지 않았다.

노자의 죽음은 형체의 사망일 뿐 정신의 사망이 아니다. 진실은 그 이치를 알기에 슬퍼하지 않은 것이다.

나무는 재가 되어도 불은 남는다

형체는 하늘 아래 사라지게 마련이지만 사상은 계속 이어지며 영원하다.

도(道)

도(道)

도(道)

기름으로 불을 때보라. 기름은 떨어질 때가 있으나 불은 영원히 이어진다.

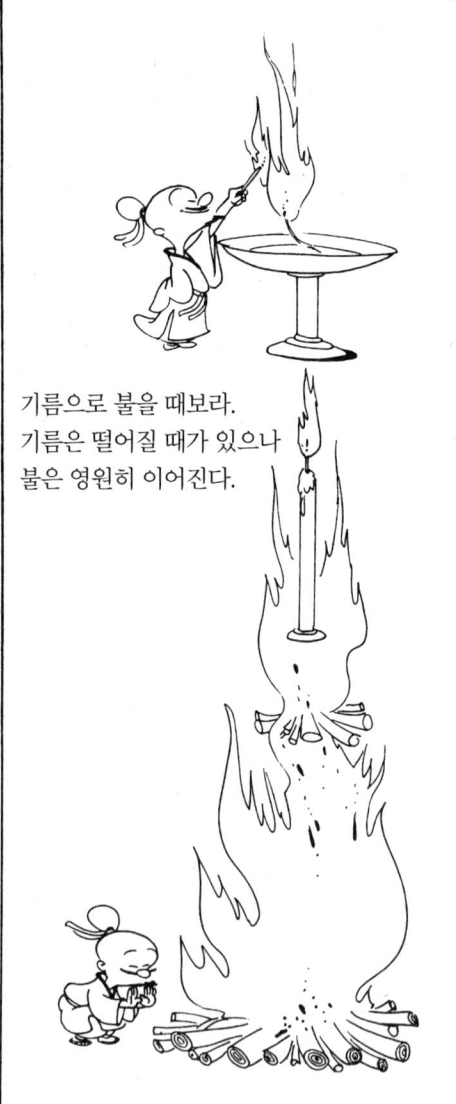

양생(養生)은 형체를 도와 기르는 것이 아니라 정신을 보양하여 영원하게 하는 것이다.

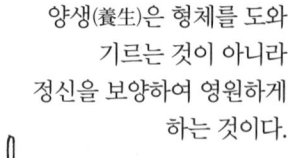

인간세

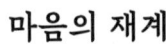

마음의 재계

위나라 임금은 성정이 좋지 않았다. 안회가 공자에게 물었다.

스승님, 위 임금의 마음을 감화하고자 떠나도 될지요?

물론 가도 된다. 그러나 그를 감화시킬 생각은 버리거라. 오히려 일이 어려워질 수 있다.

집으로 돌아가서 며칠 동안 재계를 해보거라.

저는 고기는커녕 술 한 모금 입에 대지 않습니다. 굳이 재계를 해야 할까요?

그것은 제사 지내는 데 필요한 재계지, 마음의 재계가 아니잖느냐?

마음의 재계가 무엇인지요?

먼저 네가 습득한 지혜와 기교를 잊어라. 마음도 깨끗이 비워라. 그래야 만물에 감응하게 된다. 그러면 귀신도 감응시킬 수 있을 터, 사람은 말해 무엇하겠느냐?

목적 있는 행위엔 자기 관점이 따르게 마련이다. 그러면 분명 얻는 것과 잃는 것이 생긴다. 자아를 부수고, 헛된 공명심과 이기심을 버려야 진정 타인을 감화시킬 수 있다.

왜 그런 사람을 온화하게 대해야 하나요?

그 사람이 당신을 자신과 같은 부류라 여기게 한 다음, 그를 천천히 당신 쪽으로 끌어들이시오.

사마귀를 본 적 있소? 그놈은 화가 나면 팔을 처들고서 수레바퀴가 돌아가지 못하게 막으려고 한다오. 자기가 천하장사라도 되는 줄 알고 말이오.

당신이 본인 능력을 잘못 판단하여 그 사람을 화나게 한다면 수레를 막아서는 사마귀와 뭐가 다르겠소? 위험천만할 뿐이오.

사람을 선도하려는 뜻은 좋으나 방법을 잘못 택하면 오히려 위험을 초래할 수 있다.

특히 자기 장점을 앞세워 남을 제압하려 드는 것이 가장 위험한 일이다.

호랑이를 키우는 사람

호랑이를 사육하는 건 위험한 일이다.
호랑이 사육에 능통한 사람은
살아 있는 동물을 먹이로 주지 않는다.

산 동물을 먹다 보면
호랑이의 야성이
되살아나기 때문이다.

야성이 되살아나면
감당하기
어려운 일들이
벌어지게
마련이다.

그래서 호랑이 키우는 사람은 무엇보다
호랑이의 성정을 정확하게 파악하는 데 주력한다.

호랑이에게는 호랑이만의
특성이 있는 법이다.
그 특성을 잘 이해하여 다루면
두려운 동물이 될 이유가 없다.

그래야만 호랑이를
고양이처럼 온순하게
기를 수 있다.

야옹!

야옹!

말을 사랑하는 사람

말을 매우 사랑하는 사람이 있었다.

그는 말을 보살피기를 자녀 돌보듯 했다.
대나무 광주리에 말똥을 받고,
커다란 조개껍질을 요강으로 사용했다.

어느 날, 말 엉덩이에 파리가 붙었다.
그가 파리를 잡으려고
탁 치자

말은 놀라 뒷발질했다.
그는 발길에 채여 죽었다.

당신이 아무리 좋아하고 아껴도
그 상대 역시 당신을 온전히
이해할지는 알 수 없다.

곱사등이 지리소

지리소(支離疏)라는 사람이 있었다. 그의 모습은 참으로 괴이했다. 머리가 배꼽에 닿을 정도로 등이 굽었고, 두 어깨는 높이 솟았으며, 머리카락은 하늘을 향해 곤두섰고 허리는 두 넓적다리 사이에 있었다. 오장육부도 제자리에 붙어 있지 않았다.

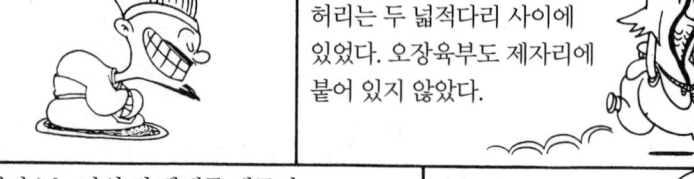

지리소는 남의 집 빨래를 해주며 제 끼니를 해결했고,

점을 쳐주고 번 돈으로 열 식구를 먹여 살렸다.

"좋은 일 있을 거요!"

난세가 되자 평범한 사람들은 군대로 끌려갔지만, 그는 거리를 활보했다.

"어흠!"

나라에서 가난한 이들에게 식량을 줄 때면 어김없이 맨 앞에서 쌀과 땔감을 받을 수 있었다.

지혜로운 사람은 겉모습의 장애나 추함을 따지지 않는다. 그런 것들 덕에 오히려 환난을 모면할 수도 있다.

"맞아!"

기름은 자기 자신을 태운다

나무는 도끼자루가 되어 스스로를 찍고,

기름은 몸에 불이 붙으면 스스로를 태운다.

계수나무는 먹을 수 있는 나무라 사람들이 잘라 간다.

맛난 걸!

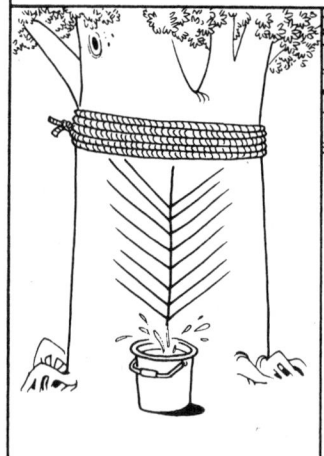

옻나무는 썩지 않게 하는 효과가 있어서 칼에 상처를 입는다.

사람들은 모든 것에서 쓸모를 찾느라 혈안이 되어 있다.

상앙(商鞅), 오기(吳起) 소진(蘇秦), 장의(張儀)는 모두 똑똑했으나 명대로 살지 못했다. 때로는 똑똑함이 명을 재촉하기도 한다.

덕
충
부

발가락이 없는 사람

노나라에 발가락이 잘린 숙산무지(叔山無趾)라는 사람이 있었다.

어느 날 그가 발꿈치로 걸어 공자를 찾아갔다.

그대는 행실이 좋지 않아 관원들에게 발가락을 잘렸소. 나한테 와서 고해보았자 더는 도울 일이 없구려.

비록 발가락은 없지만 내게는 그보다 소중한 것들이 남아 있소. 선생을 찾아온 것은 그 이야기를 들려주기 위해서였소.

흥!

몰라 뵜습니다.

들어오셔서 제자들에게 가르침을 주십시오.

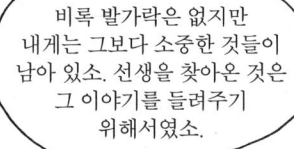

숙산무지는 지혜롭고 덕이 있는 사람이었기에 공자는 그를 함부로 대할 수 없었다. 신체적 장애가 사람을 판단하는 기준이 되어서는 안 된다.

그러나 숙산무지는 말없이 자리를 떴다.

대종사

자연은 힘센 장사

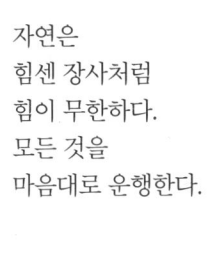

자연은
힘센 장사처럼
힘이 무한하다.
모든 것을
마음대로 운행한다.

대자연은 나에게
형체를 주고

노동하여 살게 해주고

시간의 흐름에 따라
나이 먹게 하여
일에서 벗어나게
해준다.

그리고 죽음으로써
영원한 휴식을 취하게 한다.

자연의 속성은 변화다.
사람은 반드시 자연의 이치에
순응해야 한다. 그래야만
즐거움이 오든 두려움이
닥치든 아랑곳하지 않고
삶과 죽음을
하나로 여겨
의연하게
될 것이다.

천하에 천하를 감추다

자연은 항상 변화하오, 멈추는 법이 없지. 그러니 살아 있다고 즐거워하고 죽음을 두려워하는 것은 자연의 이치를 깨닫지 못한 것이오.

죽는 게 얼마나 무서운데요!

어떤 사람은 배를 산속에 감추고

수레를 섬에 감추면 매우 안전하다고 생각한다.

그런 사람은 한밤중에 힘센 도둑이 나타나 산을 통째 떠메고 달아나도 여전히 '내 배는 산속에 잘 숨겨놓았으니 염려 없다'고 안심한다.

생사를 자연에 맡기고 그 이치와 흐름에 따르는 것이 바로 자연의 법칙을 배우는 대종사다.

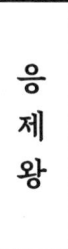

바닷속에 강을 만들다

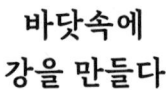

기인 접여가 견오(肩吾)에게 물었다.

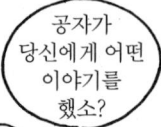

공자가 당신에게 어떤 이야기를 했소?

임금은 스스로 정한 법과 규범에 따라 나라를 다스려야 백성이 믿고 따를 것이라고 했습니다.

그건 참된 도리가 아니네. 그런 식으로 나라를 다스리는 것은 바닷속을 파서 강을 만드는 것과 같소.

모기가 산을 등에 업는 것처럼 이루어질 수 없는 일이기도 하오.

사람이 인위적으로 만든 법은 일시적일 뿐이다. 태평성대를 이루고자 한다면 자연의 법칙에 따라야 한다. 그것이 바로 대도(大道)이다.

지인의 마음은 거울이다

헛된 명성을 좇지 말고,
계략을 꾸미는 데 지혜를 사용하지 말고,
독단적으로 일하지 말고,
억지스러운 일을 꾀하지 말라.

대도를 추구해 경험하고,
오묘한 사색의 경지에 마음을 다하고,
자연의 본성을 받아들이면
자신을 자랑하거나
숨김없이 드러내고도
쓸쓸하지 않은
공명 상태에 이른다.

덕이 극치에 이른 지인(至人)은 자신의 뜻을 강요하지도, 다른 이의 호의를 무작정 받아들이지도 않는다.

지인의 마음은 거울과 같아서
사실 그대로를 반영할 뿐
아무것도 감추지 않는다.
사물을 지배하지만 그것 때문에
해를 입지도 않는다.

지인의 마음은 거울처럼
있는 그대로 반영한다.
일 분 일 초의 시간이나
작은 공간에도
어긋남이 없다.

혼돈의 죽음

중앙(中央)의 제왕은 이름이 혼돈(渾沌)이고, 북해(北海)의 제왕은 홀(忽)이고, 남해(南海)의 제왕은 숙(儵)이었다.

숙과 홀은 이따금 혼돈이 다스리는 땅으로 가서 함께 어울렸다. 혼돈은 그들을 매우 극진하게 대접했다.

사람은 일곱 개 구멍이 있어서 보고 듣고 먹으며 호흡하는데, 혼돈한테는 없으니 우리가 그를 위해 구멍을 내주자.

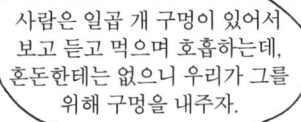
좋소

숙과 홀은 혼돈에게 날마다 구멍을 한 개씩을 내주었다.

하루에 한 개씩….

그러자 칠일째 되는 날, 혼돈은 죽고 말았다.

무위자연의 본성을 따르지 않고 자기 지혜만 믿고 인위적인 일을 벌이면 본성이 파괴되어 죽음에 이른다.

변무

여섯 번째 손가락

발가락이 여섯 개인 사람이 있고

손가락이 여섯 개인 사람도 있다.

이는 선천적인 것이니 자연스럽다.

나도 당신처럼 손가락 발가락이 여섯 개면 좋겠소!

욕심이 과하구려!

자연이 내려준 여섯 손가락과 여섯 발가락은 많고 적음을 따지기 어렵다. 자연스러운 것이기 때문이다. 타고난 손가락이 다섯 개인 사람이 여섯 개를 갖고 싶어 하는 것은 탐욕일 뿐이다.

오리의 다리는 짧을까 길까?

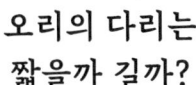

선천적으로 긴 것을 길다고 할 수 없고 선천적으로 짧은 것을 짧다고 할 수 없다.

오리의 발을 짧다 여긴들 길게 늘일 수 없다. 길게 늘이면 오리는 어색해서 어쩔 줄 모를 것이다.

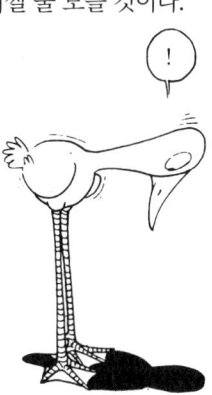

학의 다리는 매우 길다. 그러나 인위적으로 짧게 만들 수는 없다. 너무 길어 보인다 하여 자른다면 학은 크게 다칠 것이다.

오리는 다리가 짧은 대신 목이 길고

사냥할 때 요긴하지!

학은 다리가 길고 목이 짧아 상호보완적이다.

길고 짧은 것을 인위적으로 구별하면 안 된다. 자연이 정해준 용도에 따라 생각해야 한다. 그렇게 보면 긴 것은 긴 게 아니고, 짧은 것도 짧은 게 아니다.

큰 미혹과 천성

작은 미혹은 나아갈 방향을 잃어버리게 하지만, 큰 미혹은 인간의 천성을 완전히 변화시킨다. 하(夏), 은(殷), 주(周) 3대 왕조 이후 천하에는 외물(外物) 때문에 본성을 잊는 자가 많았다.

소인은 이익을 좇느라 자신을 희생하고,

명예가 다 무슨 소용이야? 돈이 제일이지.

선비는 명예를 좇느라 자신을 희생하며,

대장부는 나라와 집안을 지키기 위해 자신을 희생하고,

목숨도 아깝지 않아!

성인은 천하의 올바름을 위해 자신을 희생한다.

직업이나 목적이 서로 다른 사람들이 자신을 희생하는 것은 모두 미혹 때문으로, 본성에 어긋난다.

목동이 양을 잃어버리다

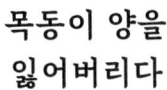

장(臧)과 곡(穀)이 양을 치러 갔다가 양을 잃어버렸다.

내 양이 없어졌어.

내 양도!

풀밭에서 책 읽는 사이에 사라졌나 봐.

나는 풀밭에서 도박을 하고 있었어.

서로 다른 데 정신이 팔려 있었지만, 둘 다 양을 잃어버리긴 마찬가지였다.

글을 공부하는 사람은 명예를 좇다가 생명을 잃고, 소인배는 재물에 눈이 멀어 생명을 잃는다.

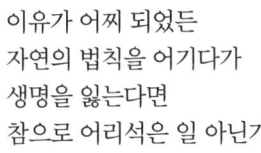

대장부는 나라를 지키는 데 목숨을 걸고, 성인은 천하를 지키려는 데 목숨을 건다. 목적과 이유는 각기 다르지만 생명을 잃는 것은 같다.

이유가 어찌 되었든 자연의 법칙을 어기다가 생명을 잃는다면 참으로 어리석은 일 아닌가.

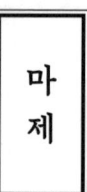

인의의 피해

상고시대 백성들은 살아가는 데 불만이 별로 없었다.

아무 데서나 배를 드러내고 쉬었다.

그런데 성인이 나타나 예악(禮樂)을 만들어 천하를 바로잡고, 인의(仁義)로 사람의 심성(心性)을 교화하려 했다.

그 결과 백성들은 자신을 내세우며 남을 속이고 이익을 좇게 되었다. 한번 그렇게 되니 도저히 돌이킬 방법이 없었다.

대도(大道) 대신 인의가 활개를 쳤고, 지혜가 사라진 자리를 큰 거짓이 채웠다. 옛날에는 백성 스스로 성실하게 자연의 도를 따라 살았기에 허위가 있을 수 없었다. 하물며 인의 따위가 필요했겠는가?

거협

도둑을 막는 법

세상 사람들은 으레 도둑을 막으려면 튼튼한 금고를 써야 한다고 믿는다. 그 안에 금은보화를 넣고 잠그는 것이 가장 지혜로운 방비책이라 생각한다.

어느 날 밤, 집에 큰 도둑이 들었다.

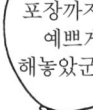

"포장까지 예쁘게 해놓았군"

"절대 못 열걸!"

도둑은 보물이 든 금고를 메고 달아났다. 행여 자물쇠가 열려 보석이 쏟아지지나 않을까 걱정하면서.

"통째로 훔쳐 가면 되지, 자물쇠가 무슨 상관?"

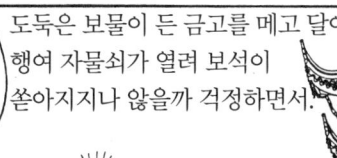
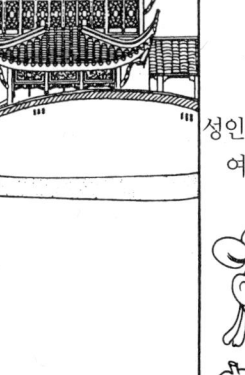

자만으로 가득 찬 꾀는 화를 불러일으킨다. 성인은 큰 도둑을 막으려고 여러 예법을 만들었지만, 큰 도둑은 그것을 방패막이로 삼는다!

조나라 술이 맛있어

초왕(楚王)이 천하의 제후들을 불러 모았다. 노(魯)나라와 조(趙)나라에서는 술을 가져왔다.

조나라의 술이 맛있더군요. 내게도 좀 줄 수 있소?

안 됩니다!

초나라 관리는 이에 앙심을 품고 조나라와 노나라의 술을 바꿔치기했다.

폐하, 조나라에서 일부러 나쁜 술을 바쳤습니다!

이런 괘씸한!

흠, 두고 보자!

회합이 끝난 후 초왕은 군사를 보내 조나라의 수도 한단을 포위해버렸다.

좋은 술은 환심을 살 수도 있고 큰 환난을 불러일으키기도 한다.

황제가 광성자에게 도를 묻다

황제가 즉위하여 19년 동안 나라와 백성을 어질게 다스렸다. 어느 날 그는 광성자(廣成子)가 대도를 터득했다는 말을 듣고 가르침을 얻으려고 산으로 찾아갔다.

"나는 천지 만물을 음양의 기운으로 조화롭게 어울리도록 이끌었고, 오곡을 잘 익혀 나누어주고, 백성들이 몸과 마음을 수련하도록 도왔고…."

"사람의 지혜로 세상을 변화시키려는 것은 어리석은 생각입니다."

황제는 그 말을 듣고 왕의 자리를 내려놓고는 황야에서 홀로 석 달 동안 수양했다.

"어떻게 해야 심신 수련을 오래 지속할 수 있겠습니까?"

"눈으로 보지 말고, 귀로 듣지도 말며, 마음으로 생각하지 말라. 정신을 가다듬어 형체와 일치하도록 단련하고, 자아를 비우고, 모든 지식을 버리고, 자연에 순응하라. 자연과 내가 일치를 이루어야만 오래갈 수 있다."

자연의 벗

대자연의 지혜를 터득하여 경지에 오른 대인의 가르침은 마치 형체와 그림자,

소리와 메아리처럼 물으면 답하고, 감각하는 대로 반응한다.

외적인 모양과 안을 채우는 정신이 하나되어 가만히 있을 때면 소리조차 사라진다.

행동할 때도 흔적을 남기지 않는다. 이런 사람만이 혼란에 빠진 세상과 사람을 자연의 대도로 인도한다.

자아의 형체가 있다고 여기는 자는 군자에 불과하고, 자아의 형체가 없다고 여기는 자는 자연의 친구다.

사리사욕을 버리고 자아를 잊어야만 자연의 도를 깨칠 수 있다. 사람의 형체는 자연이 변화하는 일종의 형식에 불과하다. 자아에 대한 집착은 곧 사심의 작용일 뿐이다.

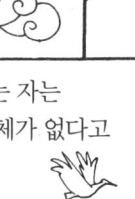

천도

장인은 기술은 가르칠 수 있지만
솜씨의 근간을 이루는
모든 것을 전수할 수는 없다.
권법(拳法)이나 검술을 가르치는 스승도
자세와 초식만 전수할 뿐이다.
글공부하는 사람은
항상 책 내용을 귀히 여기나,
실제로 귀한 것은 글의 외적인 의미다.
따라서 글줄깨나 외운다고 해서
글공부를 했다고는 볼 수 없다.

천운

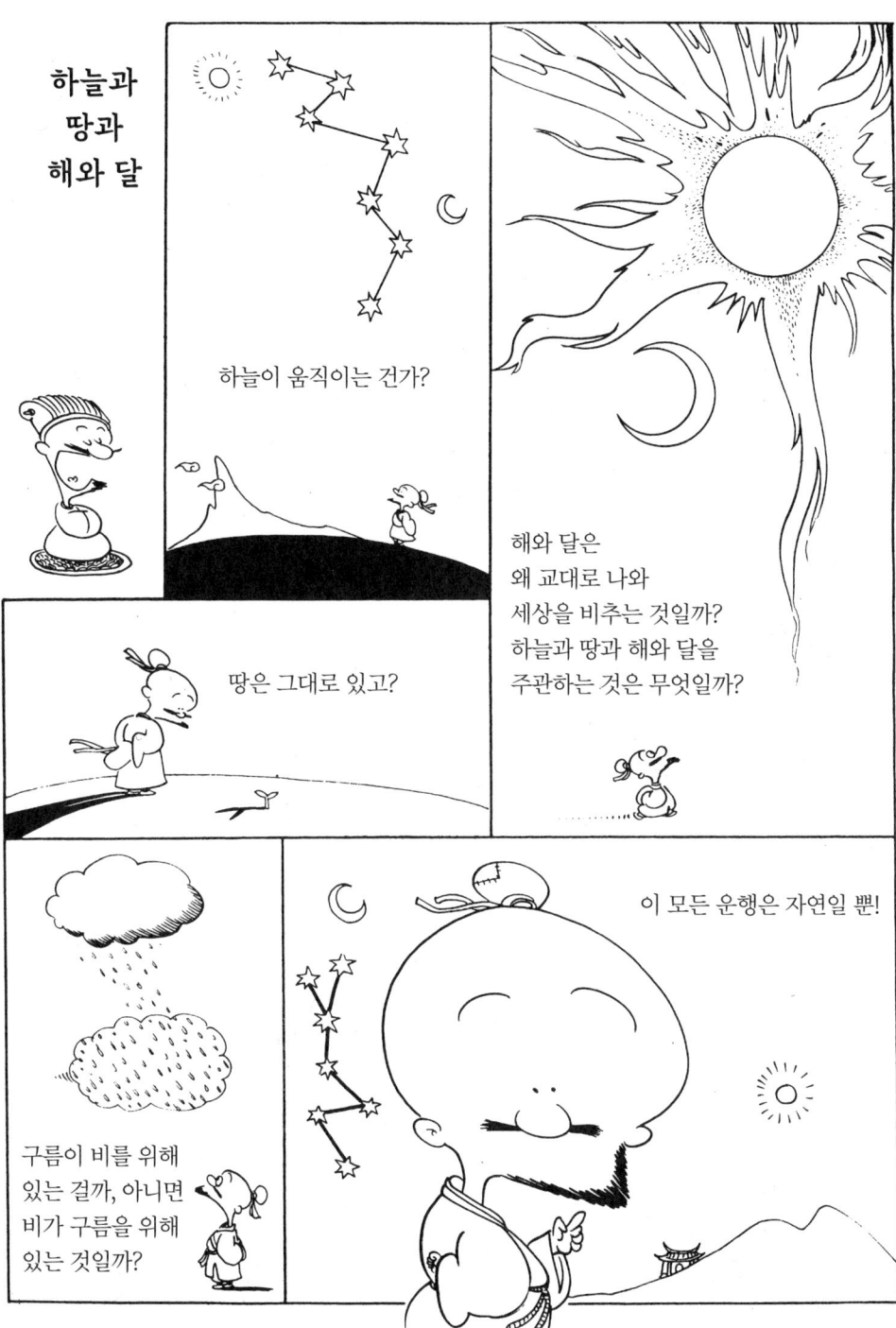

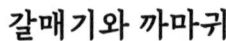

갈매기와 까마귀

공자가 노자를 만나 인의를 논했다.

까마귀가 검은 것도 날마다 검게 몸을 물들여서 그런 게 아니다.

갈매기가 하얀 것은 날마다 목욕하기 때문이 아니고,

모두 자연의 본질일 뿐이니, 무엇이 좋다 나쁘다 할 수 없다.

검은색이 멋져!
흰색이 우아해!
웃기고 있네!

대도를 깨친 사람이 보기에는 인의로 선악을 구별하는 그대의 태도가 마치 까마귀나 갈매기를 달리 대하는 태도와 같아 보일 뿐이오.

공자가 용을 보다

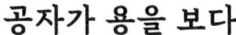

공자는 노자를 만나고 돌아와 삼일 동안 침묵에 빠졌다.

스승님, 노자를 만나 어떤 가르침을 주셨습니까?

으음!

"나는 음양의 끝없는 변화를 따르는 용을 보았다. 입이 떡 벌어져 아무 말도 할 수 없었거늘, 무엇을 가르칠 수 있었겠느냐?"

공자는 노자가 이미 자연의 변화무쌍한 도를 깨쳤다고 여겼다. 도를 터득한 사람에게 과연 무슨 말을 할 수 있을까?

각의

**하늘에
순응하라**

몸은 노동만 하고 쉬지 않을 때 병들고,

정신의 능력도 무한정 쓰기만 하면 고갈된다.

이물질이 섞이지 않은 물은 맑고, 휘젓지 않는 한 잔잔하다.

그러나 흐르지 않는 물은 맑지 못하다. 이처럼 자연의 흐름을 따르는 것이 자연현상이다.

섞이는 것 없이 순수하며, 마음을 모두 비워 고요하고 변하지 않으며, 억지로 행하는 바 없이 하늘에 순응하는 것이 정신 수양의 도다.

정신은 초나라 간장(干將)과 막사(莫邪)의 보검 같아서 고이 간직한 채 함부로 쓰지 않는다.

보통 사람은 개인의 이욕(利慾)을 중시하고, 청렴결백한 이는 명예를 중요시하며, 현인은 숭고한 의지를 중시하고, 성인은 정신을 받든다.

선성

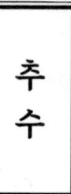

추 수

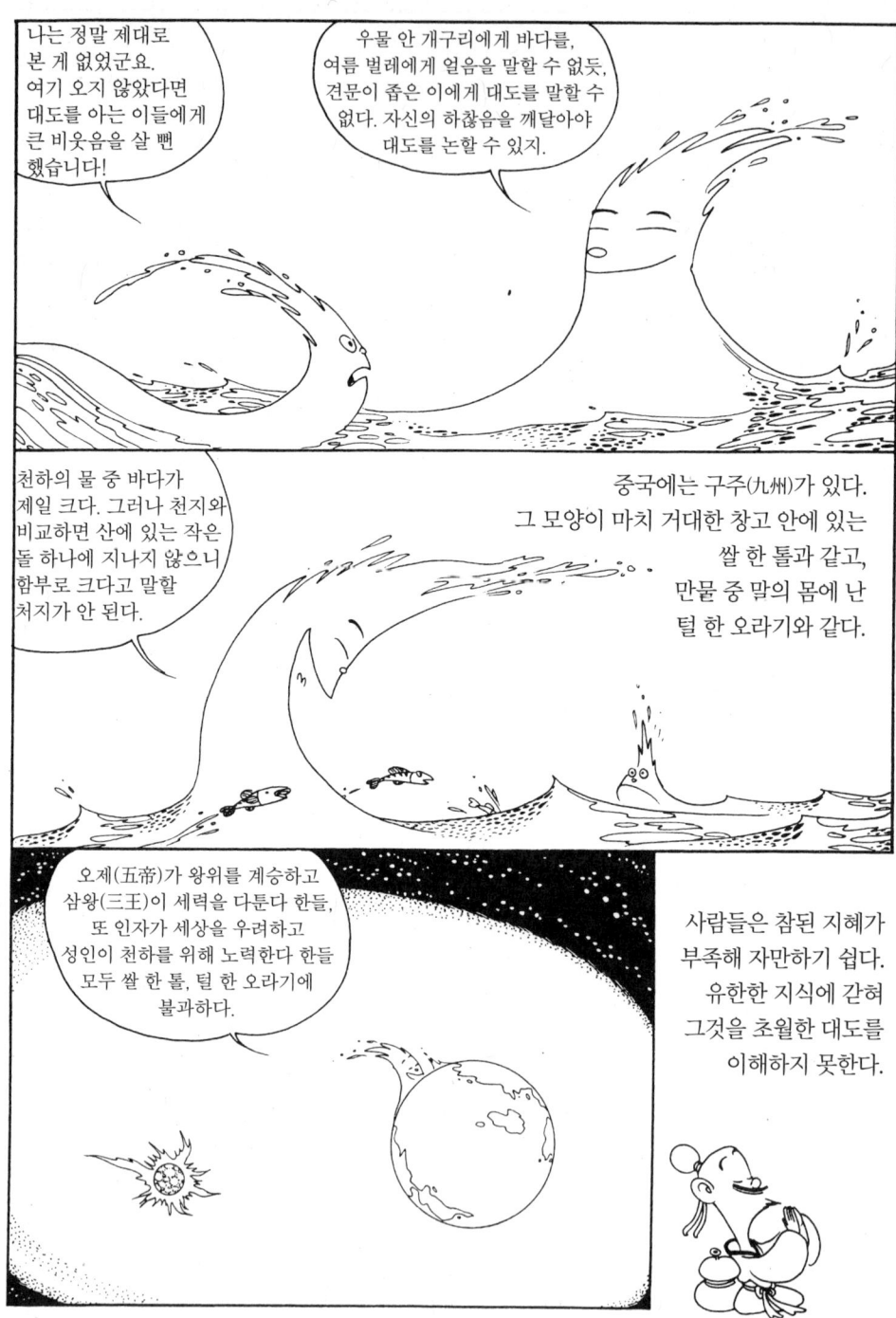

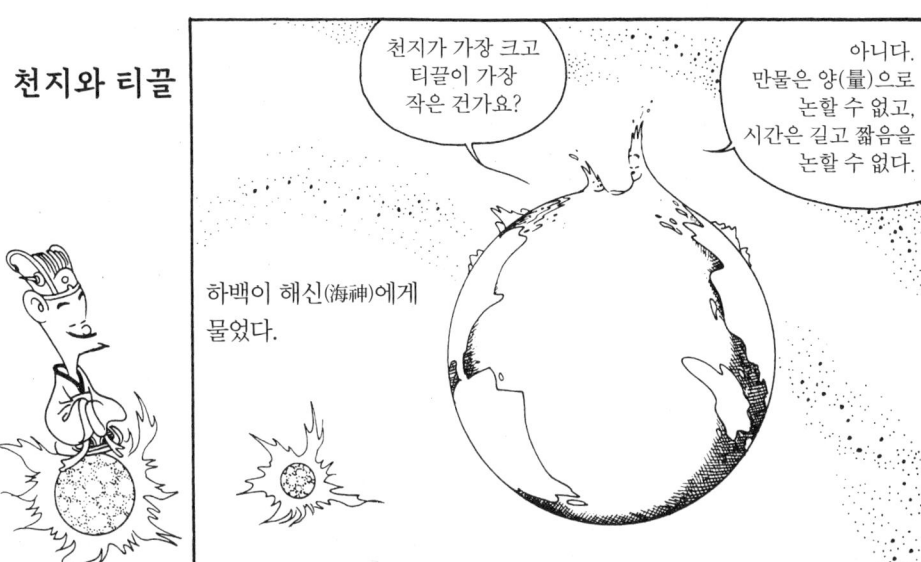

대도와 귀천

사물에는 원래 귀천이나 좋고 나쁨이 없다. 그런 가치관은 오직 사람에게서 비롯된 것이다. 그런 판단을 벗어버리면 아무런 장애 없이 넓은 하늘을 날 수 있을 것이다.

우물은 개구리를 속박하고 지식은 사람을 구속한다. 지식은 사람을 위대하게 하기도 하지만, 지극히 보잘것없는 작은 존재로 만들기도 한다. 지식을 초월해야 진정으로 큰 존재가 된다.

한단에서 걷는 법을 배우다

연(燕)나라의 한 소년이 걷는 법을 배우러 도성 한단(邯鄲)으로 갔다.

그러나 한단 사람들의 걸음걸이를 배우기는커녕 원래 알았던 방법마저 잊어버리고 말았다.

이럴 수가! 이제 걸을 수가 없어!

소년은 하는 수 없이 엉금엉금 기어서 집으로 돌아갔다.

글공부도 이와 같다. 공부하는 목적은 본디 자연의 본성을 회복하는 것이다. 그러나 세월이 흐르다 보면 책 속에서 길을 잃은 채 빠져나오지 못하게 된다.

죽순이 아니면 먹지 않고, 맑은 샘물이 아니면 마시지 않았지.

어느 날이었네. 원추는 다 썩어버린 쥐새끼를 먹고 있는 까마귀 한 마리 위를 지나게 되었어.

까마귀는 원추가 제 먹이를 채 가려는 줄 알고 고개를 쳐들며 소리를 질렀다네.

까악!

자네도 지금 썩은 쥐새끼 때문에 소리를 지를 참인가?

세상을 살아갈 때 명예와 지위는 필요하다. 그러나 대도를 터득한 사람에게는 명예도 지위도 나그네가 묵어 가는 사랑방 같을 뿐이다. 따라서 미련을 갖지 않는다.

141

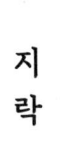

지락

팔꿈치의 혹

지리숙(支離叔)과 활개숙(滑介叔)이 함께 곤륜산(崑崙山)에 올라 변화하는 자연의 풍광을 구경했다.

이런! 자네 왼쪽 팔꿈치에 혹이 났군!

그 혹이 맘에 걸리지 않나?

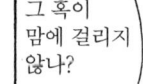

그럴 리가! 생명과 형체는 모든 대자연의 기가 우연히 모여 생겨난 것뿐. 그러니 혹 하나쯤은 티끌 하나가 몸에 떨어진 데 불과하다네.

우리는 대자연의 변화를 감상하려고 곤륜산에 오르지 않았나? 그 변화가 내 몸에 일어났을 뿐인데 어찌 마음이 쓰이겠나?

생명은 시시각각 변화한다. 인간의 마음도 그 변화에 따라 움직일 뿐이니, 이미 지나간 어제로 오늘의 변화를 재단하지 말라.

태어남도 죽음도 관념일 뿐

열자가 산길을 가던 중 풀숲에서 해골을 하나 보았다.

친구여! 자네와 나만이 생명이 없어졌으나 완전히 죽지는 않은 상태를 알고 있군.

자네는 지금 괴로운가? 그러면 이렇게 말하고 있는 나는 즐거운가?

생사(生死)는 하나의 관념일 뿐이다. 살아 있음은 끊임없는 변화일 뿐이니 자연에 순응하라. 자연스러운 운행을 거부하면 이미 죽음과 다름없다.

달 생

술에 취해 수레를 모는 사람

술에 취한 사람은 수레에서 떨어져도 죽지 않는다.

자기가 수레에 탔다는 것도, 수레에서 떨어졌다는 것도 모르기 때문이다.

술에 취한 사람의 상태는 자신을 잊고 무아의 경지에 오른 사람과 같다.
자신을 잊은 사람은 자연의 보호를 받는다.

생사에 대한 공포가 없다.

이봐! 잠깐만 기다려! 헤헤…

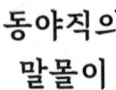

동야직의 말몰이

동야직(東野稷)은 수레를 잘 몰았다.
한번은 그가 위(衛)나라 장공(莊公)의 말을 몰며 수백 바퀴를 돌았다.

동야직이 곧 사고를 낼 것 같습니다.

그럴 리가?

안합(顔闔)이 한숨 쉬었다.

말이 쓰러졌습니다.

그대는 동야직이 사고를 낼 줄 어찌 알았소?

말의 정력은 한계가 있으니, 말의 인내력을 훈련시키는 데도 한계가 있다고 생각했기 때문입니다.

의도가 있는 행위는 종종 원기와 정신을 지나치게 소모한다. 하나 그것을 모르는 경우가 많으니, 결과는 뻔하다.

장인의 손가락

장인 수의 손가락은 그가 사용하는 도구와 일체를 이루었기에 특별히 생각하지 않아도 원을 그릴 수 있었다.

신었음을 잊게 해주는 신발,

둘렀음을 잊게 하는 허리띠가 편한 것이듯

자연의 흐름대로 좋고 나쁨을 생각하지 않아야 마음이 편하다.

그러나 진정 편안한 상태는 편하다는 사실조차 잊을 때이다.

외부의 사물에 흔들리지 말고 억지로 융합하려 들지 말라. 그래야 도에 이른다.

산
목

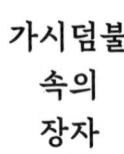

가시덤불 속의 장자

장자가 삼베옷에 짚신을 신고 위왕(魏王)을 만나러 갔다.

선생께서는 어찌 이리 곤고하게 사시오?

나는 가난할 뿐 곤고하게 사는 게 아닙니다. 큰 지혜가 있어도 천하를 위해 쓰지 못하는 것이야말로 곤고한 것이지요!

원숭이를 보시오. 아무리 후예(后羿)리 한들 나무에서 나무로 달아나는 원숭이는 어쩔 도리가 없소.

깍깍!

하지만 가시덤불 속에서는 아무리 원숭이라 해도 제멋대로 뛰어다닐 수 없지요.

지금 나는 때를 잘못 만나 가시덤불 속에 몸을 숨긴 원숭이와 같다오.

궁하면 통한다. 역경 속에도 돌파구가 있다 했으니, 난세일수록 자세를 낮추어 곤고함을 유지하지 않으면 큰 화를 입게 된다.

전자방

백리해의 무아

백리해(百里奚)는 오직 소를 키우는 데만 전념하며 자신의 처지가 비참하다고 생각하지 않았다. 덕분에 소들은 건강하게 자랐다.

진목공(秦穆公)은 그 모습을 보고 백리해를 오고대부(五羖大夫)로 책봉하고 나랏일을 맡겼다.

백리해는 벼슬에 오른 뒤에도 유세를 떨지 않았다. 오직 나랏일을 잘 처리하는 데만 전념했다.

뭘 하든 자신의 처지를 온전히 잊을 수 있으면, 무아의 상태라 할 수 있다. 벼슬이든 작위든 마음에 두지 않고, 재물도 원하지 않으며, 공을 자랑할 마음조차 없으니, 나랏일을 잘 처리할 수밖에 없지 않겠는가.

진정한 화가

송원군(宋元君)이 내로라하는 화가들을 불러 그림을 그리게 했다. 그들은 원군에게 인사한 다음, 먹을 갈고 한쪽으로 정렬했다.

화공 한 사람이 뒤늦게 참석했다. 그는 옷차림이며 행동이 매우 자유롭고 한가해 보였다.

그는 원군에게 인사하고는 다른 이들처럼 줄 서지 않고 거처로 갔다.

저런! 옷을 벗어 던지고 맨몸이라니, 못 봐주겠군.

저 사람이야말로 내가 찾는 진정한 화가로다.

벼슬, 직위, 재물, 명예 등에 마음을 두지 않아야 일가를 이룰 수 있다. 화가 본인이 진짜일 때 비로소 진짜 작품이 나온다.

경상초

숭배받기를 거부한 경상초

경상초(庚桑楚)는 노자의 제자로 스승의 도를 훌륭하게 이어받았다.

그는 외루산(畏壘山)에 살면서 주민들의 삶을 윤택하게 해주었기에 주민들은 그를 숭배하고 받들었다. 경상초가 이 사실을 알고 제자에게 말했다.

봄이 오면 온갖 초목이 싹을 틔우고,

가을이 되면 만물이 열매를 맺는데, 이것은 자연의 법칙이다. 그런데 주민들은 자신들이 해낸 일의 공을 내게 돌리며 나를 현자라고 부른다. 정녕 내가 모범이란 말인가?

그는 숲속으로 거처를 옮겨버렸다.

인의 극치

길을 걷다가 남의 발을 밟으면 사과하고,

형의 발을 밟으면 미안해한다.

그런데 부모의 발을 밟으면 사과하지 않는다.

예의 극치에 이르면 피차(彼此)의 구별이 없고, 의의 극치에 이르면 사물의 구별이 없다. 가장 높은 지혜는 모략에 쓰이지 않고, 인의 극치에 이르면 가릴 것이 없으며, 가장 숭고한 믿음에는 금이나 옥 같은 담보가 필요 없다.

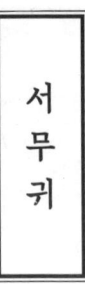

서무귀

목동에게 길을 묻다

황제가 방명(方明), 창우(昌寓), 장약(張若), 골계(滑稽) 등 여섯 사람을 대동하여 마차를 타고 대외(大隗)를 만나러 구자산(具茨山)에 갔다.

그런데 도중에 길을 잃었다.

그대는 구자산으로 가는 길을 아는가?

알아요!

그렇다면 대외라는 분의 거처도 아는가?

그럼요!

무심의 지

발이 밟은 땅은 겨우 신발 크기만 하다. 밟지 않은 땅을 의지해서 걸어야 더 멀리 나갈 수 있는 법이다.

사람의 지식은 협소하기 짝이 없다.

모르는 것이 더 많음을 깨달아야만 천도(天道)인 자연을 알게 된다.

대일(大一)을 알고, 대음(大陰)을 알고, 대목(大目)을 알고, 대균(大均)을 알고, 대방(大方)을 알고, 대신(大信)을 알고, 대정(大定)을 알아야 선(善)을 다한 것이 되고 미(美)의 극치를 알게 된다.

대일은 만물을 관통하고, 대음은 온갖 걱정을 없애고, 대목은 모든 것을 보게 하고, 대균은 만물의 본성을 따르고, 대방은 만물의 의지가 되고, 대신은 실제로 살피게 하고, 대정은 스스로를 지켜 혼란에 빠지지 않게 한다.

사람은 천지에 순응하여 만물을 보고 도를 깨달아야 자신의 길을 밝히고 남의 길도 밝히게 된다.

이런 상황이란 곧 깨달음이 전혀 없는 자연의 깨달음과 같다. 무심(無心)에 이른 지(知)는 아무것도 모르는 것처럼 보이지만, 참된 지에 이른 것이다.

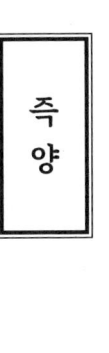

즉양

도는 원과 같다

염상씨(冉相氏)는 원을 보며 도를 깨달아 끝없이 이어지는 변화에 대응하였다.

만물에는 과거가 없다. 현재도 미래도 없다.

형체가 만물과 합쳐지면 참된 나를 버리지 않아도 된다. 자연을 본받는 마음에 마음이 없어져서 자연에 대한 관념도 그 관념을 가진 사람도 없어진다.

사람이 하늘이 내린 성질로 돌아가면 사물에 순응하게 되어 바깥 사물과 융합한다. 시작도 끝도, 시도 때도 없다. 마음을 수양하여 사물을 따라 자연스럽게 변화할 뿐, 텅 비지도 없어지지도 않는다.

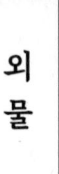

외물

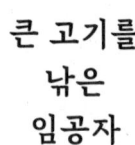

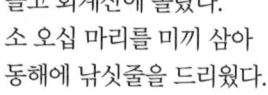

임공자가 큰 낚싯대와 굵은 밧줄을
들고 회계산에 올랐다.
소 오십 마리를 미끼 삼아
동해에 낚싯줄을 드리웠다.

일 년을 기다린 끝에 드디어
큰 고기를 한 마리 낚았다.
물고기는 산처럼
큰 파도를 일으켰다.

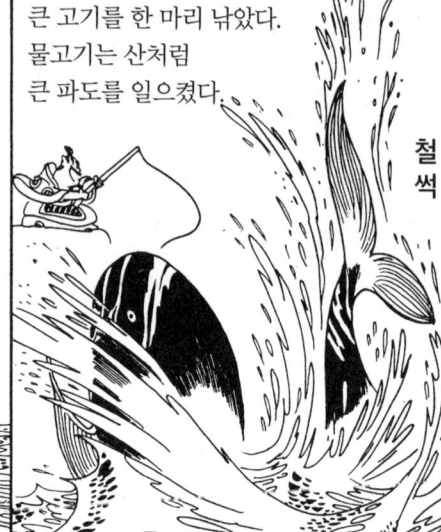

철썩

소문내기 좋아하는
사람들은 여기저기
돌아다니며 임공자의
이야기를 퍼날랐다.

그 고기가 얼마나 컸소?

고기를 잡아 포를
뜨니 절강 동쪽에서
창오 북쪽에 이르는
사람들이 모두 배를 채웠다.

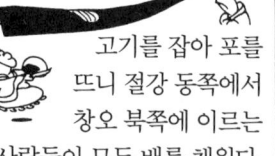

하지만 작은
낚싯대로 고기를
잡는 사람들은
그 말을 조금도
믿지 않았다.

헛소리!

지식이 얕은 사람은
대도를 이해하지 못한다.
자신의 얕은 지식과
경험에 갇혀 대도를
부정하기
때문이다.

통발과 올가미

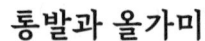

통발은 물고기 잡을 때 쓰는 도구다.

고기를 잡고 나면 통발은 잊힌다.

올가미는 토끼 사냥에 꼭 필요한 도구이지만

토끼 사냥이 끝나면 올가미는 버려진다.

언어나 문자는 사람의 생각을 드러내는 수단이다.

언어와 문자를 익히는 것은 도구로 쓰기 위함이지 목적이 아니다. 그러니 문자와 언어에 속박되지 말라. 이는 본질은 잊고 결과만 추구하는 것과 다르지 않다.

따라서 뜻을 전하고 나면 버려진다.

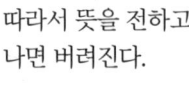

우언

도의 단계

안성자유가 동곽자기에게 말했다.

스승님을 따라 도의 길에 들어선 첫해에 저는 야생말 같았지요.

이 년이 되자 비로소 삼가는 법을 알게 되었고,

삼 년이 되니 마음에 거리낌이 없어졌고

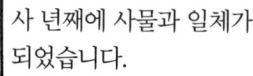

사 년째에 사물과 일체가 되었습니다.

오 년째에 사람들이 찾아왔고

육 년째에 귀신과도 통했고

칠 년째에 자연에 순응했으며

팔 년째에 생사를 잊었고

구 년째에 크게 깨달았습니다.

수도의 과정은 자연스러워야 한다. 본성에 순응하는 자세로 점진적으로 행해야 한다. 그래야 나를 잊고 큰 깨달음을 얻는다.

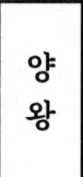

목숨보다 귀한 것

요 임금은 천하를 허유에게 넘기려 했다. 그러나 허유는 거절했다.

요 임금은 이번에는 자주지보에게 천하를 넘기고자 했다.

굳이 임금 노릇을 하라면 못할 바는 없겠으나

지금 병을 앓고 있으므로 천하를 다스릴 여유가 없습니다.

천하를 놓고 보자면 임금 자리만큼 높고 큰 것은 없다. 그러나 그것을 자기 목숨과 바꾸려는 자는 없다. 이것이 도를 깨친 사람과 세속인의 차이다.

자공의 화려한 옷차림

원헌과 자공은 둘 다 공자의 제자다.

원헌의 집은 벽만 덩그러니 남아 지붕이 샜고,

문과 벽은 구멍 뚫려 성치 못했다. 하지만 원헌은 상관하지 않았다.

자공은 언변이 뛰어났다. 그는 큰 벼슬을 얻고 매우 뻐기면서 원헌을 찾아갔다.

골목이 너무 좁아 수레가 지나기 어렵겠습니다.

도
척

큰 도둑의 큰 도리

유하계는 공자의 친구다.
그에게는 도척(盜跖)이라는 아우가 있었다.
도척은 졸개 구천 명과 함께 천하를 누볐다.

부모는 자식을 가르치고
형은 아우를 이끌어야 하거늘,
자네 아우가 큰 도적이 되어
천하를 어지럽히는데
어찌 가만히 있는 겐가?

그놈은 내 말은커녕
부모님 가르침마저
듣지 않는다네.

그렇다면
내 한번
타일러보리다.

내 아우는 성품이
몹시 사납네. 괜히 비위를
거슬렀다가 도리어
화를 입을지도 모르네.

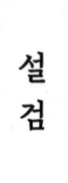

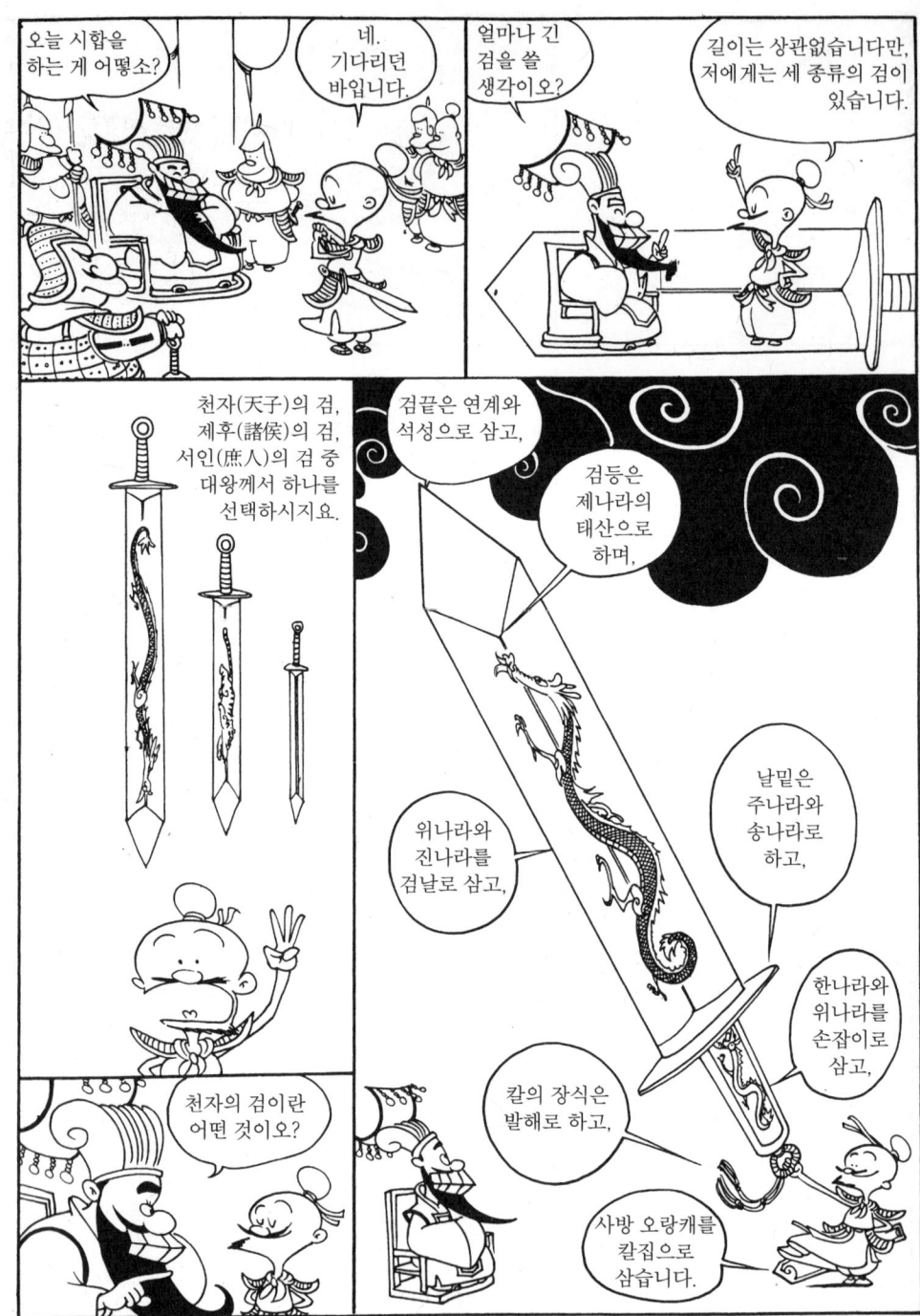

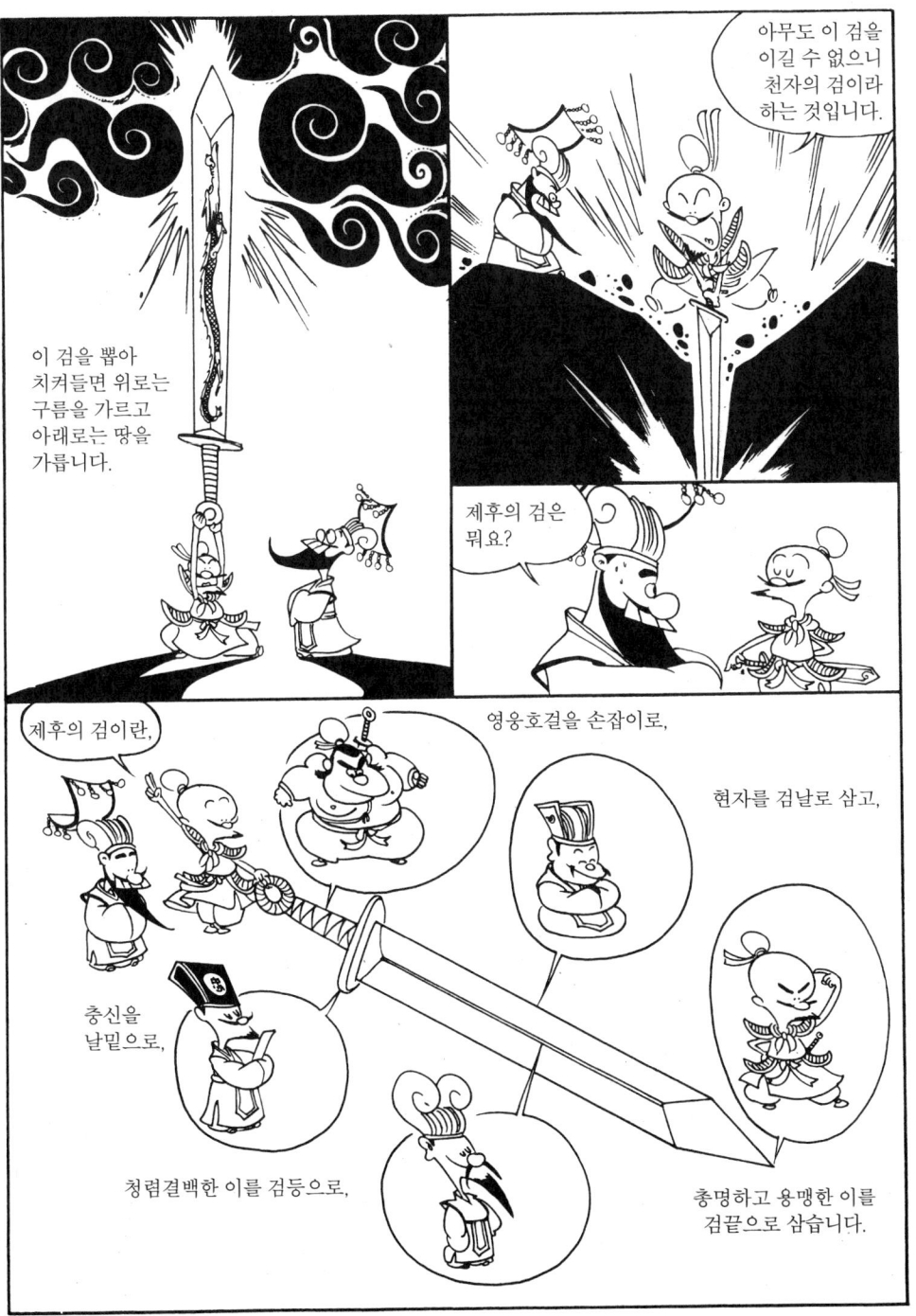

어부

큰 지혜를 구할 때는 여덟 가지 결점을 버리고, 네 가지 나쁜 버릇도 버려야 한다. 세상 사람 모두에게 흔히 나타나는 속성이면서 눈에 잘 보이지 않으므로 더욱더 조심하여야 한다.

그림자를 싫어하는 사람

자기 그림자를 지독히도 싫어하는 사람이 있었다.

지겨워, 꺼지라고!

길을 걸으면 그림자가 늘 따라붙고, 빨리 걸으면 그림자도 빨라졌다. 그의 걸음도 점점 더 빨라졌다.

하지만 아무리 빨리 걸어도 그림자를 떼어놓지는 못했다. 그는 미친 듯이 달리다가 끝내 죽고 말았다.

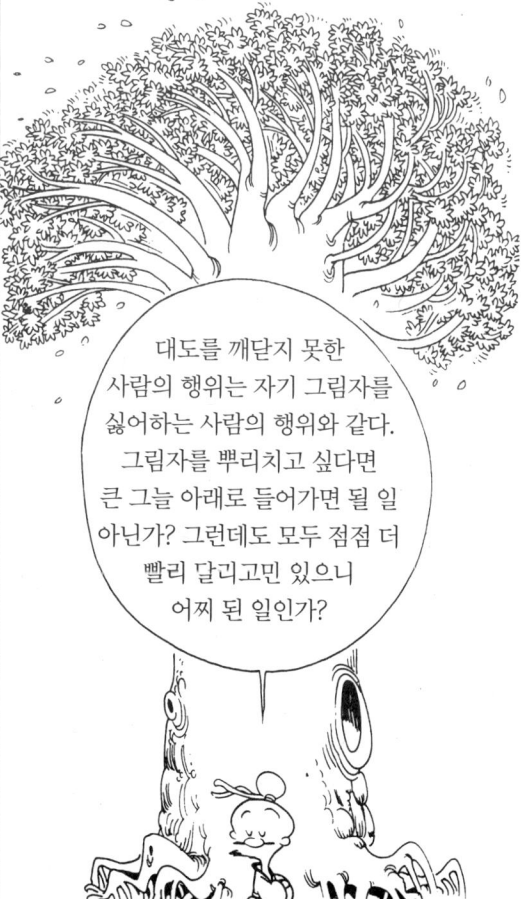

대도를 깨닫지 못한 사람의 행위는 자기 그림자를 싫어하는 사람의 행위와 같다. 그림자를 뿌리치고 싶다면 큰 그늘 아래로 들어가면 될 일 아닌가? 그런데도 모두 점점 더 빨리 달리고만 있으니 어찌 된 일인가?

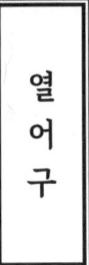

닻줄 없는 배

재주 많은 사람은 몸이 고단하게 마련이고

아는 게 많은 사람은 걱정도 많기 마련이다.

무능한 사람은 바라는 것이 없으므로 배불리 먹으며 놀러 다닌다.

그는 닻줄 없는 배처럼 물결치는 대로 이리저리 움직인다.

총명하고 재주가 많은 사람은 해야 하는 일이 너무 많다. 이 얼마나 피곤한 신세인가.

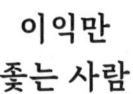

이익만 좇는 사람

송나라 사람 조상이 진나라에 사신으로 갔다. 진왕은 그에게 수레 백 대를 하사했다.

지저분한 골목에서 신이나 짓고, 허기에 누렇게 뜬 얼굴로 살기 싫어 진왕에게 갔다가 수레 백 대를 얻었으니 내 재주가 꽤 용하지요?

진왕은 병이 나서 그대를 부른 것이오. 그는 종기를 터뜨려준 자에게 수레를 한 대 주고,

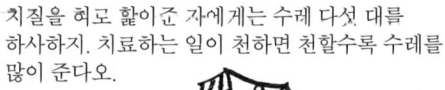

치질을 혀로 핥아준 자에게는 수레 다섯 대를 하사하지. 치료하는 일이 천하면 천할수록 수레를 많이 준다오.

당신은 진왕을 어떻게 치료했기에 수레를 백 대나 받았소?

사람들은 명예와 이익을 취하기 위해 본성도 버린 채 비열하고 천한 일도 마다하지 않는다. 군자라면 마땅히 그런 데 미련을 두지 말고 큰 뜻을 품고 마음을 비워야 하리라.

송나라의 권세 역시 용에 비견할 수 있소.

당신이 수레를 얻게 된 것은 송나라의 왕이 아직 잠들어 있기 때문이었소.

만약 그가 깨어 있었다면 당신도 목숨을 보전하기 어려웠을 거요.

세상에는 진귀한 물건에 유혹되어 목숨 위험한 줄 모르는 사람이 많다. 그러나 재물 때문에 목숨을 잃는다면 너무나 허망한 일 아니겠는가?

장자의 죽음

장자의 임종이 가까워 제자들이 모여 절차를 의논했다. 그들은 스승의 장례를 성대하게 치르고 싶었다.

그러지 마라. 천지를 관(棺)으로, 해와 달을 쌍벽(雙璧)으로, 빛나는 별들을 진주로 삼을 것이다. 세상 만물이 다 제사용품이 되어줄 테니, 이 정도면 훌륭하지 않겠느냐?

스승님, 그러면 까마귀나 독수리가 시신을 먹어 치울 겁니다!

땅 위에서 까마귀나 독수리에게 먹히든, 땅속에서 개미에게 먹히든, 마찬가지다. 너희들은 왜 새들의 것을 벌레들에게 주려고 하느냐?

육체의 소멸이 곧 죽음이다. 이는 자연스러운 변화니, 대자연이 자신의 방식대로 처리하게 하라.